L'ÉDUCATION SENTIMENTALE
ROMAN HISTORIQUE ?

Thierry Morati

L'ÉDUCATION SENTIMENTALE
ROMAN HISTORIQUE ?

TéHÈME

Illustration de couverture
Horace Vernet, *Combats dans la rue Soufflot*
Berlin, Deutsches Historisches Museum

Pour contacter l'auteur
thierrymorati.eu
http://thierrymorati.hautetfort.com/

© 2020 Thierry Morati - Téhème
ISBN : 9782322255634

Édition : BoD – Books on Demand,
12/14 rond-point des Champs-Élysées, 75008 Paris.
Impression : BoD - Books on Demand,
Norderstedt, Allemagne

Mise en page : Gilles Arira
gilarira.com

Dépôt légal : octobre 2020

PRÉFACE

Il faut accorder d'une façon générale à l'œuvre sa propre valeur historique.

Derrière chaque tableau, chaque écrit, chaque fait artistique se reflète plus ou moins distinctement, la silhouette du temps.

Tout écrit témoigne directement de son époque. Émanation d'un homme, l'œuvre, procure au spectateur, au lecteur, une sensation à deux niveaux : elle traduit l'atmosphère d'une façon de vivre et dans ce climat ambiant, l'homme auteur du XVIe ou XXe siècle, nous apporte sa vision, sa situation par rapport à ce siècle.

L'œuvre vit hors du temps. Elle est le témoignage inexorable d'un fait qui ne s'altère jamais. Indispensable à la connaissance de l'époque, elle renferme en elle tout l'inconscient d'une société. Elle est à la fois témoin et objet de preuve par sa réalité pure, sa réalité d'œuvre. Que ce soit, Hugo, Platon, Artaud, Ronsard ou Zola, à chacun de ces hommes correspond une œuvre réalisant ainsi l'équation de l'homme et de son époque :

« L'historien qui par scrupule mal entendu négligerait Balzac ou Proust se priverait à coup sûr d'une des manières les plus enrichissantes de pénétrer dans l'intimité d'une société, d'en retrouver le caractère ou le climat, d'en dégager le style, d'en revivre le temps réel. »

Il faut toutefois reconnaître le caractère subjectif de l'œuvre. Elle a tendance selon les principes de l'écrivain à fausser une certaine réalité. Admettre plusieurs versions, est un moyen de pallier cette subjectivité ; la somme des versions individuelles approche de plus près la Vérité.

Additionnons toutes les contradictions ! Admettons toutes les versions ! Chacun voit son siècle à sa manière, avec le regard de l'homme appartenant à sa génération.

Qu'est-ce que l'histoire sinon l'addition de faits particuliers à chaque génération ?

Toutes ces réactions diverses sont organisées dans un système philosophique. En effet, le processus de l'histoire répond au rythme sans fin de la dialectique : Thèse, Antithèse, Synthèse qui peut s'écrire de la manière suivante : **Affirmation** (état traditionnel d'une classe dominante) suivie d'une **négation,** (émeutiers, puis peuple uni une voix pour une voie dans la révolution) dont la synthèse serait une société nouvelle, modifiée ou un sauveur comme louis Napoléon lll. Il a cassé le rêve par le coup d'état de 1851.

Les contradictions intestines d'une société sont nécessaires à son équilibre. La révolte est le propre de l'homme, et, de ce fait, elle joue le rôle d'émulatrice, de provocatrice, de solution provisoire à la réalisation quasi métaphysique de cette insatisfaction qui caractérise l'Homme.

Dans *L'Éducation Sentimentale**, le malaise d'un « jeune Homme de dix-huit ans, à longs cheveux et qui tenait un album sous son bras, [...] auprès du gouvernail, immobile », s'élève au niveau d'une société, d'une époque caractéristique, et elle s'étend jusqu'à une dimension originelle pour enfin découvrir ce mal d'être, et ce besoin de nier la situation présente, éternellement remise en question.

---

* Tous les passages de *L'Éducation Sentimentale,* cités dans cette étude, sont extraits de l'édition de Garnier Flammarion.

Choisir un tel sujet, à savoir l'historicité dans *L'Éducation Sentimentale*, c'est sentir cette absence profonde, ce désœuvrement, ces contradictions qui règnent dans cette société, qui freinent cet espoir éperdu que chaque homme détient au fond de lui-même.

Aimer ce siècle où le roman est descendu dans la rue, où l'autre entrevoit le bonheur tout près de lui, aimer ce siècle qui explique si merveilleusement le nôtre, ne peut être qu'une preuve irréfutable de ce choix. Enfin, trouver dans le comportement de Frédéric, des millions d'hommes qui ne font que flirter avec leur vie sans la vivre entièrement. Ils subissent les effets de leur génération. Ils marchent comme l'Homme marche dans le temps, et sur leur visage, les couleurs d'une époque succèdent aux précédentes. Cette marche se traduit par un élan vers un ailleurs, qui a pour départ une cause physiologique d'insatisfaction, et qui se métamorphose sur le plan social, par un espoir de liberté et de bonheur. C'est vers cette source magique qui abreuve le Paradis Originel que les hommes marchent.

Ce paradis prend des formes diverses selon les diverses utopies. Une marche vers un hier, c'est en fait le chemin que s'est tracé l'homme, et tous les obstacles rencontrés, deviennent source de conflit pour l'amélioration du groupe social. Cette circularité qui est propre au phénomène de l'histoire humaine, dialectique infernale du rythme sans fin, va nous permettre de présenter l'étude de *L'Éducation Sentimentale*, comme le spectacle de la dérision, de la décadence, du vieillissement dans ce qu'il y a de plus résigné et de plus maladif. La traduction de vieillissement s'organise dans l'œuvre selon l'ordre conventionnel des lois physiques admettant le rythme ternaire : Jeunesse, Maturité, Vieillesse, phénomène cyclique caractérisant la puissance, puis, la décomposition d'un espoir de vie.

Nous tenons à rester dans une explication très proche du texte. Ainsi, l'analyse évoluera en fonction des chapitres de *L'Éducation Sentimentale*.

Le premier chapitre, HISTOIRE ÉCLATÉE, correspondra à la première partie de l'œuvre, à l'arrivée des personnages, à la présentation de leurs rôles sociaux.

Ensuite, les différents motifs dont celui de la révolte vont se concrétiser dans la deuxième partie où l'on constatera une AIMANTATION

VERS UN IDÉAL, la recherche d'un équilibre, qui traduira cette poussée intérieure, cet élan régénérateur qui engendre la construction de l'échafaudage de la liberté.

Enfin, LA MORT D'UN NOUVEAU NÉ, la peinture tragique, médiocre de la médiocrité, désavoue le rêve dans l'aspect le plus cruel de la réalité.

Trois rythmes, trois actions. La conception ternaire de la vie scande le roman.

Nous assistons à une longue grossesse vers qui tous les espoirs convergent et dont l'accouchement constatera l'Échec.

CHAPITRE PREMIER

HISTOIRE ÉCLATÉE

INTRODUCTION

Trois parties vont articuler l'explication historique de ce chapitre premier.
1. AU CENTRE D'UN CERCLE
2. LE MOTIF DE LA RÉVOLUTION
3. DE LA TRIBUNE POLITIQUE
   À LA SCÈNE DE CIRQUE

S'agissant de la première partie, le cercle est l'objet le plus significatif quant au fonctionnement de la méthode que nous avons énoncée dans la préface, qui consistait à faire une étude historique selon les principes de la dialectique et de constater l'échec du chapitre III, a deux niveaux d'interprétation :

Le premier en tant qu'avortement de la révolution, et, le second, dans lequel la révolution est source magique de la liberté aux fins d'ordre ontologique.

Cette première partie nous permettra donc de présenter les personnages centre, les pôles d'attraction. Son but est de montrer toutes les contradictions qui vont donner à cette société un caractère dispersé, où les contraires habitent tous les éléments.

Les personnages n'ont entre eux rien de commun. Ce sont tous des symboles de types sociaux qui vont, par leur présence dans le roman, expliciter ce côté carnavalesque, côté qui s'affirme par l'incompatibilité interne de l'homme et de son costume, incompatibilité qui traduit ce malaise fondamental voire même essentiel d'une société en quête de son équilibre.

PREMIÈRE PARTIE

AU CENTRE DU CERCLE

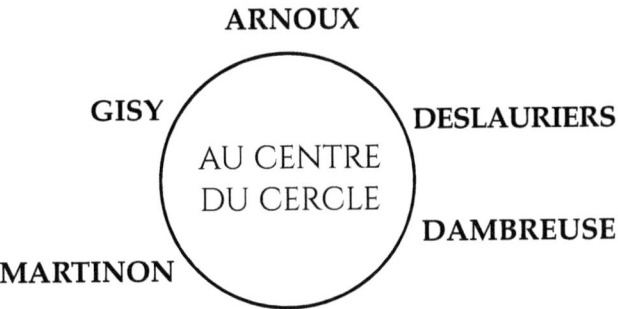

Le thème du passage de l'adolescence à celui de l'adulte, connaît au XIXe siècle beaucoup d'interêt. Cette étape très délicate se concrétise souvent par une crise chez l'individu ; Deux forces vont s'affronter l'individu face à lui-même ; Deux forces vont à la fois l'attirer et le repousser du cercle social. Frédéric se trouve en 1840, plus précisément le 15 septembre 1840, et sa situation le tient hors du cercle.

Mais une poussée très vive, va le projeter subitement dans cette circularité infernale.

Premier éclairage sur Arnoux
« Jacques Arnoux, propriétaire de l'Art Industriel, boulevard Montmartre. »

Les Arnoux vont jouer au centre du texte. Autour d'eux va graviter toute une multitude d'individus, dont l'appartenance politique et sociale, sera très différente.

Le contact primordial avec le cercle se fera, pour Frédéric, par l'intermédiaire d'Arnoux. C'est lui qui va servir de tremplin à cette chute monotone, dans la lenteur de l'ennui, « et, dans un cercle de passagers et de matelots, il vit un Monsieur qui contait des galanteries à une paysanne, tout en lui maniant la croix d'or qu'elle portait sur la poitrine ».

Arnoux nous est présenté directement au centre, et, Frédéric est aussitôt attiré vers cet homme qui semble l'inviter à une discussion galante : « La présence de Frédéric ne la dérangea pas. Il se tourna vers lui plusieurs fois, en l'interpellant par des clins d'œils. »

Cette invitation à le suivre dans cette petite comédie va se traduire, par une attraction constante jusqu'à la fin du roman. « Mais, ennuyé de cette compagnie, sans doute, il (Arnoux) alla se mettre plus loin. Frédéric le suivit. »

« Il était Républicain », Arnoux dont les idées politiques semblent être adéquates à la frivolité de sa vie, se trouve donc au centre du cercle et qui plus est, c'est un Républicain. Un représentant de la République honore le centre du cercle social. Ce détail d'ordre politique traduit déjà ce sentiment de liberté qui, d'un état embryonnaire commence à se dessiner sous la forme encore indistincte d'une idée.

La seule preuve de cet état nous est donnée par Arnoux. Mais cette République à laquelle ce propriétaire du boulevard Montmartre, semble vouloir appartenir, se trouverait assez compromise par le personnage s'il n'arborait pas avec tant de ferveur, les couleurs tricolores de son costume :

« Sa taille robuste emplissait une jaquette de velours noir, deux émeraudes brillaient à sa chemise de batiste, et son large pantalon blanc tombait sur d'étranges bottes rouges, en cuir de Russie, rehaussées de dessins bleus. »

Un Républicain compromettant par ses deux émeraudes et son envergure de propriétaire, voilà le premier personnage vers qui Frédéric va être attiré, personnage qui reflète le caractère de cette société fondée sur la mathématique et le calcul mental :

« Mais il s'interrompit pour observer le tuyau de la cheminée, puis il marmotta vite un long calcul, afin de savoir "combien chaque coup de piston, à tant de fois par minute devait, etc." Et, la somme trouvée, il admira beaucoup le paysage. Il se disait heureux d'être échappé aux affaires. »

Personnage dont l'arrivisme semble expliquer le caractère confiant et le comportement qu'il manifeste vis à vis de l'autre.

Deuxième éclairage sur Deslauriers

Deux éducations qui s'opposent. Encore un des personnages qui va se différencier de Frédéric. Ici les contraires vont contrarier l'idée d'unité, un point de rassemblement propre à la réussite. L'éducation que Deslauriers a reçue est celle d'un enfant mené très durement par un père aigri. L'exploitation de l'homme par l'homme, que nous avons rencontrée avec sieur Arnoux, se retrouve encore avec le personnage du père de Delauriers, qui « s'établit marchand d'hommes ». L'enfant que représente

Frédéric contraste avec « un grand diable de vingt-deux ans, maigre, avec une large bouche, l'air résolu. »

L'idée de révolution, exprimée tout d'abord d'une manière très vague dans la bouche d'Arnoux, va par l'intermédiaire de Deslauriers, être annoncée par ce caractère prophétique qui détermine ce personnage épris de liberté.

« Ces bonnes gens qui dorment tranquilles, c'est drôle ! Patience ! Un nouveau 89 se prépare ! On est las de constitution, de chartes, de subtilités, de mensonges ! Ah ! Si j'avais un journal ou une tribune, comme je vous secouerais tout cela ! Mais, pour entreprendre n'importe quoi il faut de l'argent ! Quelle malédiction que d'être le fils d'un cabaretier et de prendre sa jeunesse à la quête de son pain ! »

Deslauriers a de nombreux points communs avec Georges Duroy, héros de Guy de Maupassant. En effet tout d'abord, cette haine des bourgeois : « Il allait, passant devant les cafés d'un air crane et gaillard, et il jugeait d'un coup d'œil à la mine, à l'habit, ce que chaque consommateur devait porter d'argent sur lui et une colère l'envahissait devant ces gens assis et tranquille... il murmurait les cochons. »

Au bas de l'échelle sociale comme Deslauriers, Bel Ami va mettre en application ses dons naturels et en particulier sa beauté au service de son état. Deslauriers tient les mêmes principes que Duroy, lorsqu'il dit à Frédéric :

« Tu devrais prier ce vieux de t'introduire chez les Dambreuse ; rien n'est utile comme de fréquenter une maison riche ! Puisque tu as un habit noir et des gants blancs, profites-en ! Il faut que tu ailles dans ce monde-là ! Tu m'y mèneras plus tard. Un homme à millions, pense donc ! Arrange-toi pour lui plaire, et à sa femme aussi. Deviens son amant ! »

La femme constitue le moyen le plus efficace pour un homme sans fortune, d'accéder à l'échelon de la réussite sociale.

ÉCLAIRAGE SUR DAMBREUSE

Avec les Dambreuse, nous assistons à la description minutieuse du bourgeois type.

Il appartient lui aussi, à cette classe calculatrice dont les opérations, n'ont pour but, que d'évaluer les meilleures façons d'amasser plus d'argent. Flaubert nous le présente aussi froid qu'une machine.

Les éléments de comparaison, sont empruntés à la matière : « Une énergie impitoyable reposait dans ses yeux glauques, plus froids que des yeux de verre. »

Les normes du couple bourgeois traditionnel sont respectées ; tout d'abord le mari est vieux et fatigué par les longs travaux qui lui ont permis d'amasser sa fortune, mais prisonnier de son avidité grandissante, il ne peut se résigner à abandonner son travail. À ses côtés, une femme jolie et riche permettra à quelques soupirants, à qui la richesse n'a pas encore souri, une place, un rang social honorable.

La description de Monsieur Dambreuse est significative : « Mais ses rares cheveux blancs, ses membres débiles et surtout la pâleur extraordinaire de son visage, accusaient un tempérament délabré. » « Sa femme, la jolie Madame Dambreuse, que citaient les journaux de mode, présidait les assemblées de charité. »

Un mari froid, obsédé par ses affaires, une femme jolie qui s'occupe des œuvres de charité, et dont le regard attendri, même si ce fait n'est pas mentionné dans le texte, doit se poser sur quelques enfants tristes à pleurer, à qui ces dames offrent leur cœur afin de garantir leur réputation.

Voici un couple bourgeois, envié de tous ou presque tous, qui sera le but à atteindre, le point de mire pour les uns et l'objet de révolte pour les autres.

Il faut noter le déterminisme politique de Dambreuse qui varie selon l'augmentation ou la diminution de ses biens. « Et, dans ses bouderies contre le pouvoir, il inclinait au centre gauche. »

ÉCLAIRAGE SUR DEUX ÉTUDIANTS MARTINON ET CISY

Encore des personnages qui contrastent effroyablement avec Frédéric.

Le premier se nomme Martinon :

« Martinon était ce qu'on appelle un fort bel homme : Grand, joufflu, la physionomie régulière et des yeux bleuâtres à fleur de tête ; son père, gros cultivateur le destinait à la magistrature, et, voulant déjà paraître sérieux, il portait sa barbe taillée en collier. »

Ce grand bonhomme, au physique de cultivateur, d'homme habitué aux rudes travaux ne peut accepter le romantisme exacerbé de

Frédéric. Et tout à son opposé, Monsieur de Cisy, « enfant de grande famille et qui semblait une demoiselle, à la gentillesse de ses manières ». « M. de Cisy s'occupait de dessin, aimait le gothique. »

Parmi tous ces personnages, il n'y en a aucun qui ressemble à Frédéric, et qui plus est, aucun ne possède des traits communs de caractère. Tous sont différents, opposés. S'ils ne sont pas ennemis, ils seront souvent adversaires : Arnoux et Frédéric, Cisy et Frédéric, Martinon et Frédéric, Frédéric et Deslauriers,

Frédéric aime la femme d'Arnoux, mais il sera toujours le complice des lâchetés de ce dernier. Cisy et Frédéric auront des comptes d'honneur à régler ; ce qui très rapidement tombera dans le ridicule. Ensuite Martinon et Frédéric font les mêmes études ; l'un sera licencié, l'autre échouera.

« Devant la loge du concierge, ils rencontrèrent Martinon, rouge, ému, avec l'auréole dans les yeux et l'auréole du triomphe sur le front. »

« Rien n'est humiliant comme de voir les sots réussir dans les entreprises où l'on échoue. Frédéric vexé, répondit qu'il s'en moquait. »

Enfin Frédéric et Deslauriers auront des rapports souvent faussés par l'argent et par leurs éducations tant différentes.

Les repas en gants blancs et en habit noir, feront terriblement souffrir ce provincial.

« Pendant que Frédéric les (bottes vernies) essayait, le bottier observait narquoisement la chaussure du provincial :

— Monsieur n'a besoin de rien ?

— Merci, répliqua le clerc, en rentrant sous sa chaise ses vieux souliers à cordons. »

À ces contradictions d'ordre physique et matériel, d'autres différenciations d'ordre politique vont se greffer.

Arnoux est un républicain aux allures compromettantes. Deslauriers annonce, prédit, prédit, espère la Révolution, mais il n'hésite pas à tenir des raisonnements aristocratiques et bourgeois. Martinon n'est plus en quête de bonheur.

« Lui, il allait tous les matins à l'école se promenait ensuite dans le Luxembourg, prenait le soir sa demi tasse au café, et, avec quinze cent francs par an et l'amour de cette ouvrière, il se trouvait parfaitement heureux. »

Dambreuse vit dans le monde de l'argent, et se situera toujours du côté politique qui lui permettra de protéger son or.

Une présentation de cinq types sociaux très déterminés, qui, vont évoluer dans le roman en devenant chacun personnage-centre de l'autre, va développer à nos yeux, les différentes articulations qui régissent les motivations internes d'une société.

DEUXIÈME PARTIE

LE MOTIF DE LA RÉVOLUTION

30

1 – À LA RECHERCHE D'UNE INTERROGATION

Le motif de la révolution se dessine dans la première partie de L'*Éducation Sentimentale*, au chapitre IV, sous la forme encore incertaine d'une histoire échevelée, écartelée par ses contradictions. Cette révolte estudiantine, fait écho à la prévision de Deslauriers.

« Ces bonnes gens qui dorment tranquilles, c'est drôle ! Patience ! Un nouveau 89 se prépare ! On est las des constitutions, de chartes, de subtilités, de mensonges ! »

Cette aspiration à la liberté enivrait tous les esprits, déchaînait d'une façon encore folle quelques jeunes gens. La révolte connaît ses premiers jours de vie.

« Quelle bonne farce ! » pour ne pas citer ce « Jeune homme blond à figure avenante », qui nous présente la société de son temps d'une manière peu élogieuse. Cette jeunesse des écoles qu'Hussonnet ne tarde pas à tourner en ridicule, nous est présentée comme la caricature exacerbée de l'élite intellectuelle de la France. « Je les trouve pacifiques comme moutons bêtes comme cornichons, et idoines à estre épiciers, Pasque-Dieu ! Et voilà ce qu'on appelle la jeunesse des écoles ! »

Flaubert n'hésite pas à provoquer, au sein de cette manifestation estudiantine, un sourire ironique sur le comportement de cette génération. Il ressort de ces soixante premières pages, un malaise facilement perceptible chez chacun des personnages rencontrés. Un malaise qui se traduit par une interrogation non consentie, non voulue. L'histoire s'impose. Ce malaise se traduit par un refus général de l'autorité.

89 n'est pas si loin. Cette jeunesse semble entrevoir une issue dans la révolte qui tournera vite au ridicule. Cette première révolte va révéler le caractère éclaté de cette société. Dès les premières lignes, la révolte semble folle, non organisée.

« Les étudiants sortaient précipitamment des cafés, ou, par les fenêtres ouvertes, ils s'appelaient d'une maison à l'autre. »

« Des jeunes gens, par bandes inégales de cinq à douze, se promenaient en se donnant le bras et abordaient les groupes plus considérables qui stationnaient çà et là. »

2 – LAISSEZ-MOI TRANQUILLE AVEC VOTRE HIDEUSE RÉALITÉ

L'Art industriel, abrite sous son enseigne tutélaire, tous ceux qui sont rejetés par la société, tous les discrédités, les artistes incompris, les militants fatigués. Les personnalités se faussent et se masquent à volonté. Le personnage cède à la personne. Les fausses signatures abondent et Arnoux encaisse.

L'Art réclame la connaissance du mystérieux impératif de l'offre et de la demande.

Certes les personnages sont fictifs, mais jusqu'où le sont-ils vraiment ?

Arnoux est avide de réussite. La réussite sociale est bien le problème de ce siècle où l'on confond trop facilement honnête homme, et homme honnête.

L'exploitation éhontée de l'homme par l'homme, rit au visage de ceux qui acceptent résignés, pour survivre, n'importe quelle manigance. Mais le commerce a ses raisons qu'Arnoux est bien loin d'ignorer. Il exploite certes la médiocrité, les talents éreintés par le temps qui absorbe jour après jour leur rêve. Fuir la réalité, ou s'y plonger si fort qu'il est impossible de la contempler, d'une manière ou d'une autre, ces personnages, dans le roman, Pellerin, vont tourner le dos au miroir qui ne réfléchit que le mensonge assurément. Découvrir l'absolu dans l'Art est le but de Pellerin.

Du comique au tragique, il y a un homme, des centaines d'hommes persuadés d'avoir reçu de Dieu, la grâce du génie ; Instables, assis entre deux chaises, ils ressentent profondément le malaise de leur époque :

« Pellerin lisait tous les ouvrages d'esthétique pour découvrir la véritable théorie du Beau, convaincu, quand il l'aurait trouvée, de faire des chefs-d'œuvre. Il s'entourait de tous les auxiliaires imaginables, dessins, plâtres, modèles, gravures ; et il cherchait, se rongeait ; il accusait le temps, ses nerfs, son atelier, sortait dans la rue pour rencontrer l'inspiration, tressaillait de l'avoir saisie, puis abandonnait son œuvre et en rêvait une autre qui devait être plus belle. »

Tourmenté par sa médiocrité, persuadé de son talent futur, Pellerin est par ce fait, principal objet d'exploitation. Il se révolte, se fâche, se réconcilie fort rapidement grâce aux ruses de son « Patron » :

« Arnoux l'aimait tout en l'exploitant. D'ailleurs, il redoutait sa terrible langue, si bien que, pour l'attendrir, il avait publié dans *L'art Industriel,* son portrait accompagné d'éloges hyperboliques. »

Sa fuite est impossible. Il est lié, articulé par Arnoux.

« Laissez-moi tranquille avec votre hideuse réalité ! »

Pellerin est un homme perverti, attaqué par toutes les contradictions de la réalité.

Arnoux lui permet de survivre pour découvrir sa théorie et réaliser une toile magnifique par laquelle il connaîtra la gloire. Il peindra le plus triste des tableaux, la peinture médiocre de la médiocrité ; et lui aussi, en quête d'interrogation, il recherche le Beau pour fuir la réalité qui absorbe, au même titre que ces étudiants de la rue Saint Jacques, il recherche cette chose merveilleuse qui s'appelle la liberté.

Nous avons donc à travers ces personnages l'idée de Révolution, occasionnée par ce malaise estudiantin qui se généralise, atteint le monde artistique où l'art ne devient que prétexte à la vente et au commerce.

3 – L'ORIENT, BERCEAU DU RÊVE

Mais derrière ces personnages, se distingue un canevas aux couleurs mystérieuses de l'Orient. L'Orient, berceau des Mystères, sources d'évasion, va séduire le siècle de Flaubert, comme il a séduit le siècle de Rousseau. Cette mode qui fuit l'Occident et ses problèmes, qui apporte la sérénité dans l'esthétique, contraste effroyablement avec le siècle de la technique.

L'Orient représente le monde du rêve.

Il est certain que la colonisation de l'Algérie a une grande responsabilité dans ce goût magique de l'art Musulman. Mais, ce goût des voyages, de l'aventure, aller encore plus loin que l'Algérie et découvrir ce berceau de civilisations, ne peut-être que la traduction d'un besoin d'évasion, d'un refus du malaise oppressif qui tend à se répandre, ne laissant d'issue qu'à la tyrannie.

Le décor chez Arnoux, témoigne du rêve :
« L'anti-chambre, décorée à la chinoise, avait une lanterne peinte, au plafond, et des bambous dans les coins. En traversant le salon Frédéric trébucha contre une peau de tigre. On n'avait point allumé les flambeaux, mais deux lampes brûlaient dans le boudoir tout au fond. »

Le costume de Madame Arnoux :
« Elle avait une robe de velours noir et, dans ses cheveux, une longue bourse algérienne en filet de soie rouge qui, s'entortillant à son peigne, lui tombait sur l'épaule gauche. »

Le thème du rêve réapparaît, « et, autour de la table, les verres de bohême, diversement colorés, faisaient au milieu des fleurs et des fruits comme une illumination dans un jardin ».

« Son goût pour les voyages fut caressé par Dittmer, qui parla de l'Orient. »

Un canevas de rêves qui se trouve en chaque personne et qui se heurte à la réalité politique et sociale d'un monde étranger, d'un monde qui impose un malaise et où les combats politiques semblent être la lumière au fond du gouffre, où l'infernal et le rêve, vont s'ingénier à la création d'une danse tragique et fatale.

TROISIÈME PARTIE

DE LA TRIBUNE POLITIQUE À LA SCÈNE DE CIRQUE

1 – LE THÉME DE L'ACROBATIE

Dès la fin de la première partie de *L'Éducation Sentimentale*, nous constatons une pente vers le carnaval, le spectacle voire même le Cirque. La préparation de cette Révolution, et la Révolution même, existe pour les protagonistes sous la forme d'un spectacle où les morts ne semblent pas des morts, où tout n'est que mise en scène.

Lors de leur petite réunion organisée par Frédéric sous la forme d'un pique-nique, nous assistons à l'innocence, au caractère puéril de ces jeunes gens, exceptés toutefois Sénécal et Dussardier. Deslauriers connaît un début de gloire lors de son « discours fort applaudi » et dit à Dussardier au dessert :

« Tu es honnête toi ! quand je serai riche, je t'instituerai mon régisseur ! »

Quand je serai riche, ce leitmotiv agit comme élément corrupteur. La Révolution ne compte pour ce dernier que pour affirmer sa situation sociale : Devenir Riche.

Pour Sénécal « la misère augmentait, il s'en prenait à l'ordre social, maudissait les riches ». Pellerin se disposait à un grand tableau figurant « Le Génie de la Révolution ». Comment prendre au sérieux ces personnes, ils sont au centre de leurs imaginations, et se complaisent à s'articuler, à se destiner, à se modeler pour devenir le rêve de leurs obsessions.

« Le Génie de la Révolution », un nom bien ingénieux, trop même un clin d'œil mouillé de rire et de tristesse qui s'adresse au lecteur. L'action, la vocation, la passion ne figurent qu'au fond de leur rêve où ils se voient d'importants personnages ;

Hélas ! Ce qui est le plus significatif de leur personne s'illustre par l'acrobatie de leur ami, « il fit un saut, retomba sur les deux mains, et marcha quelques temps autour de la table, les jambes en l'air ».

Les voilà, des enfants de la chimère qui vont vivre plus ou moins innocemment une Histoire dont ils n'auront pas une seconde pris conscience.

2 – « IL CHERCHAIT DANS SES LIVRES DE QUOI JUSTIFIER SES RÊVES »

« Cette gaminerie ne dérida pas Sénécal », il ne joue pas :

« Son front était rehaussé par la coupe de ses cheveux taillés en brosse. Quelque chose de dur et de froid perçait dans ses yeux gris ; et sa longue redingote noire, tout son costume sentait le pédagogue et l'ecclésiastique. »

Tous les personnages présentés dans ce chapitre intitulé « Histoire éclatée », vont se transformer au cours du temps.

Mais Sénécal restera fidèle à son idéal :

« Il cherchait dans les livres de quoi justifier ses rêves. »

La malchance qui accompagne Sénécal va plus profondément le projeter dans le monde dogmatique du système théorique. Le personnage est présenté la première fois par Deslauriers « C'est lui : le Voilà ! Sénécal ! », caractère très solennel de cette première entrevue qui suscite chez Frédéric un sentiment de recul, d'effroi face à la rigueur de Sénécal :

« Tout son costume sentait le pédagogue et l'ecclésiastique. »

Ce dogmatisme qui surgit de la personne de Sénécal, n'est pas l'expression spontanée de sa personne, mais le fruit d'une longue méditation sur les problèmes philosophiques donc politiques de l'homme en quête de son bonheur, « Vous n'avez pas le droit de m'intéresser à des choses que je réprouve. Je ne vois pas là d'enseignement pour le peuple ! », discussion sur l'Art entre Pellerin et Sénécal qui ne voit dans l'art qu'un moyen utile et culturel au service de l'épanouissement intellectuel d'un peuple.

Avide de liberté, il représente la théorie, la passion, l'aveugle, l'expression du rêve social de la Cité Idéale :

« Il venait d'être chassé de sa pension, pour avoir battu un fils d'aristocrate. Sa misère augmentant, il s'en prenait à l'ordre social, maudissant les riches. »

CONCLUSION
DU PREMIER CHAPITRE

Dans la première partie de ce travail, AU CENTRE D'UN CERCLE, nous avons montré toutes les différences, tous les opposés qui vont évoluer dans ce roman. Aucun personnage n'a de côté semblable avec l'autre. Tous sont seuls. La première partie montre au centre de ce cercle de nombreux éléments qui ne sont que des éléments négatifs, et qui plus est, accusent des comportements subversifs à toute idée de groupe, de ralliement donc de révolte et de Révolution. Donc, des caractères trop dissemblables qui impliquent des individus parsemés, dispersés, trop loin les uns des autres.

Le centre du cercle est perdu en son milieu. Le milieu est partout et nulle part. Le centre n'a aucune signification. Il est boutade, mirage de ralliement. Ceci est déterminé au niveau du caractère de l'individu, caractère qui subit une lutte avec l'individu lui-même. Il y a divorce essentiel entre l'individu social et puis l'homme. Quoiqu'il en soit, peintre d'une société, visionnaire de son époque, Flaubert nous présente des types sociaux du XIXe siècle.

Nous avons donc une vue globale, schématisée certes, de la vie politique, économique et philosophique de ce siècle, qui trahit les symptômes de la Révolution, sans pour cela être maître de la situation.

Les contrariétés sont trop nombreuses. Elles habitent l'individu lui-même. Cette « maladie », va tendre à se généraliser sur le groupe, si bien, qu'il est impossible de réaliser l'ensemble en soustrayant tous ces contraires.

Et pourtant, malgré le naufrage certain qui guette cette tentative, nous allons constater durant le deuxième chapitre, une tentative de réorganisation ; Un travail aux rapides progrès va régir cette folle ambition. Nous allons sentir l'histoire reprendre conscience, se réorganiser, espérer à nouveau, nous allons constater cette AIMANTATION VERS UN IDÉAL, qui fera l'objet d'étude de notre deuxième chapitre.

CHAPITRE SECOND

AIMANTATION VERS UN IDÉAL

INTRODUCTION

Dans la seconde partie de *L'Éducation Sentimentale*, nous allons donc constater un effort de rassemblement, de cohésion.

Une deuxième étape dans l'évolution de la Révolution, qui se caractérise par de nombreuses réunions. Réunions à caractère politique, mais aussi réunions où danses et costumes, où banquets et rires, se multiplient. Des noyaux se créent ; Des personnages centre apparaissent, et soudain, tout autour d'eux, une cavalcade de gens se produit aussi bien chez Rosanette, que chez les Dambreuse.

Il faut souligner le fait que l'idée de Révolution va croissante proportionnellement à l'idée de décadence qui elle aussi, va croissant. Les Arnoux et tout leur petit monde, qui appartiennent à cette classe sociale assise entre deux chaises, commencent à connaître la négation de leur jeunesse où, ils côtoyaient les réceptions, le luxe, la grande vie. La Révolution, est l'expression schématique de cette Négation du Positif ou de l'Affirmation. L'idée de Révolution, va croître à mesure que la classe d'Arnoux va décroître. Cette catégorie sociale, est en fait, la plus représentative de la société. Le groupe artistique, et intellectuel, est l'expression d'un désir qui se limite au contour du cercle. Mais quand la petite bourgeoisie tend à décliner, elle se rapproche plus facilement de ce groupe ouvrier-intellectuel, que de celui qui tend à l'annihiler.

C'est ce qui est en train de se transformer dans la deuxième partie, et qui se dessine plus réellement dans la troisième. Nous assistons à la métamorphose d'une classe, qui va impliquer la transformation de la société.

Le Bal, qui débute cette seconde partie, est la peinture tragique de ceux qui s'illusionnent par le costume, qui manifestent ce désir inconscient de se transformer, de se travestir à leurs propres yeux et aux yeux d'autrui. Le changement est un mot qui n'est pas prononcé par ces personnages, mais ils le recherchent ; ils veulent exorciser par le costume, le personnage-malaise qui habite en eux.

C'est pourquoi, dans la première partie de ce chapitre second, nous allons nous étendre assez longuement sur le bal et ensuite sur l'artifice d'une manière générale.

La deuxième partie sera consacrée au Socialisme. Au pluriel, car nous constatons la pluralité des idées, les contradictions évidentes, toutes pourtant, orientées sur la recherche d'une unité idéologique. Le Socialisme s'imprègne progressivement au sein de la société. Le but de cette deuxième partie est de constater le travail, la transformation, le modèlement des idées qui vont contribuer à la recherche d'un équilibre.

PREMIÈRE PARTIE

GARE AU LUSTRE

1 – LE BAL

« Que voulez-vous faire dans une époque de décadence comme la nôtre ? »

Cette décadence se costume sous les apparences d'une « Marquise Pompadour » ou d'un « Pierrot à profil de bouc ». Elle se confirme dans la fête organisée chez Rosanette.

Le costume efface la réalité pour un temps de vie lui donnant un aspect plus amusant et plus tragique, à la fois. Le luxe permet à ces personnages d'oublier leur condition sociale et de contempler, autour d'eux, la concrétisation de leur désir :

« Frédéric fut d'abord ébloui par les lumières, il n'aperçut que la soie, du velours, des épaules nues, une masse de couleurs qui se balançait aux sons d'un orchestre caché par des verdures, entre des murailles tendues de soie jaune, avec des portraits au pastel, çà et là, et des torchères de cristal en style Louis XVI. De hautes lampes, dont les globes dépolis ressemblaient à des boules de neige, dominaient des corbeilles de fleurs, posées sur des consoles dans les coins ; et, en face, après une seconde pièce plus petite, on distinguait, dans une troisième, un lit à colonnes torses, ayant une glace de Venise à son chevet. »

La seule réalité évidente serait dans ce bal, l'orchestre ; ce dernier est caché par des verdures. Tout se cache, toute réalité se masque derrière le costume du rêve, chaque personne derrière son personnage ; tout un monde tragique derrière la joie. Et puis soudain un personnage comme Pellerin, « en grande toilette, le bras gauche dans la poitrine et tenant de la droite, avec son chapeau, un gant blanc, déchiré », qui a enfin découvert le secret dans la réalité qu'il avait démenti, quelque temps auparavant.

Flaubert va disséquer ces personnages, en les sortant à la fois de leur costume, mais qui plus est, va les tirer de leur comédie quotidienne en les faisant apparaître dans leur réalité humaine. Frédéric se renseigne auprès de Pellerin sur les personnes qui assistent à cette fête pour savoir qui est ce « Pierrot au profil de bouc », la réponse fut « rien du tout ».

« Et celui-là, costumé en bailli, qui parle dans l'embrasure de la fenêtre à une Marquise Pompadour ?

— La Marquise, c'est Mme Vandaêl, l'ancienne actrice du Gymnase, la maîtresse du Doge, le comte de Palazot. Voilà vingt ans qu'ils sont ensemble ; on ne sait pourquoi. Avait-elle de beaux yeux, autrefois, cette femme-là ! Quant au citoyen près d'elle, on le nomme le capitaine d'Herbigny, un vieux de la vieille, qui n'a pour toute fortune que sa croix d'honneur et sa pension, sert d'oncle aux grisettes dans les solennités, arrange les duels et dîne en ville.

— Une canaille ? dit Frédéric.

— Non ! un honnête homme !

— Ah !

« — Que voulez-vous faire dans une époque de décadence comme la nôtre ?» L'on festoie, l'on se goinfre, l'on se gave, on dévore tout dans la mesure de l'impossible et l'on finit par se dévorer soi-même.

« Et la Shinx buvait de l'eau-de-vie, criait à plein gosier, se démenait comme un démon. Tout à coup ses joues s'enflèrent, et, ne résistant plus au sang qui l'étouffait, elle porta sa serviette contre ses lèvres, puis la jeta sous la table.

Frédéric l'avait vue.

— Ce n'est rien !

Et, à ses instances pour partir et se soigner, elle répondit lentement :

— Bah ! à quoi bon ? autant ça qu'autre chose ! la vie n'est pas si drôle ! »

C'est par la prise de conscience du malaise qui envahit progressivement les hommes, que nous constatons cette attirance vers le groupe. Frédéric n'est plus seul après son retour à Paris.

Il va chez les Arnoux, puis chez les Dambreuse, retrouve ses amis et ainsi nous présente trois lieux sociaux bien distincts.

La crainte envahit ces trois groupes : Chez les Dambreuse, les discussions apportent une sensation d'instabilité, une tendance au déséquilibre. Pour Arnoux ; le malaise se situe à plusieurs niveaux. Cette petite bourgeoisie, est comprimée sur le plan social ; elle s'angoisse, et s'étouffe, vide ses abcès dans l'excès de l'ivresse.

Quant au groupe Sénécal, cette ivresse n'a de départ et de motivation que sur le plan proprement idéologique. Le bal témoigne de cette angoisse qui se nourrit des petits bourgeois, de ces faux parvenus aux désirs trop aigus. Si bien que les classes, les deux forces en présence sont les gros bourgeois avec Dambreuse et le groupe révolutionnaire, constitué du prolétariat et de quelques intellectuels, en un mot le groupe Sénécal.

2 – L'ARTIFICE

La recherche du luxe, la recherche du plaisir, la recherche de l'autre soi-même, sous une perruque et un costume, la recherche d'une image, ma recherche de leur image, ce bal n'est que le désir désespéré d'une classe à réaliser autour d'elle, l'ambiance luxuriante du grand monde. Cette société, fondée sur la réussite refuse la défaite sociale. Le mot « riche » a revêtu une valeur morale. Il faut être riche, ou du moins à défaut, le paraître. Être et paraître, se confondent. Le jeu s'est épris de la réalité. L'artifice mène la danse. Il faut se sentir désiré, envié par l'autre, et, c'est pourquoi, l'on arbore, avec orgueil, ses plus belles parures. L'exemple de Frédéric est flagrant. Ainsi dans l'épisode du bal, Flaubert nous décrit une arriviste :

« Mais la reine, l'étoile, c'était Melle Loulou, célèbre danseuse des bals publics. Comme elle se trouvait riche maintenant, elle portait une large collerette de dentelle sur sa veste de velours noir uni ; et son large pantalon de soie ponceau, collant à la croupe et serré à la taille par une écharpe de cachemire, avait tout le long de la couture, des petits camélias blancs naturels. »

« Cisy parut, avec un crêpe à son chapeau. Depuis la mort de sa grand-mère, il jouissait d'une fortune considérable, et tenait moins à s'amuser qu'à se distinguer des autres, à n'être pas comme tout le monde, enfin à "avoir du cachet". C'était son mot. »

Le luxe va se fondre sur toute cette société. En effet, il va être au départ de l'indignation des masses opprimées. « Le peuple, à la fin, se lassera, et pourrait faire payer ses souffrances aux détenteurs du capital, soit par de sanglantes proscriptions, ou par le pillage de leurs hôtels. »

Mais cet artifice qui est la négation de la réalité, va s'étendre même chez une personne comme Sénécal. L'artifice pénètre la révolte ; l'imaginaire s'installe si bien que nous sentons une idée d'abstraction qui tend à apostropher l'action au profit de l'Acte. L'artifice absorbe même ceux qui l'observent.

DEUXIÈME PARTIE

DANS L'ESPOIR
D'UN BOULEVERSEMENT GÉNÉRAL

1 – PRÉSENTATION DE LA SITUATION

Après la description du luxe, cette tension qui hantait le premier chapitre se manifeste à effets répétés dans le second. En effet, ce courant républicain est bien confus. Arnoux est républicain. Il est présenté comme étant de ceux qui compromettent l'idée de République. Comme nous l'avons montrer dans la première partie, l'histoire est éclatée, dispersée : par contre cette deuxième partie de *L'Éducation sentimentale* va clarifier et préciser les positions.

Arnoux va connaître à la période qui se situe aux alentours du retour de Frédéric à Paris, une chute continuelle et progressive, une dégradation qui s'explique à un autre niveau d'interprétation qui est ce vieillissement qui maquille à jamais l'individu. Cette chute trouve son parallèle avec la société qui se précipite elle aussi, vers ce gouffre noir de la défaite. Mais, une réaction va naître. L'histoire retrouve un espoir de vie.

Des forces vont tenter de donner à cette époque, l'enthousiasme d'un nouveau destin.

Nous sommes tentés, pour bien situer l'action, de considérer les forces en présence.

Une conception bien simple, un peu schématique, peut-être, mais qui va nous permettre de clarifier la situation. La première est représentée par l'état traditionnel des banquiers qui transmettent la puissance de l'argent. À cette masse d'argent s'oppose une seconde force, les victimes de ceux-ci : le peuple. Nous pouvons schématiser à l'extrême et nous obtenons dans le roman Dambreuse et Sénécal.

Voilà les deux types sociaux qui jouent, le premier par son affirmation, le second par une rage de vivre une négation intransigeante de cette classe dominante.

Tout autour de ces types sociaux, gravitent tous les parasites pour qui la révolution ou bien au contraire une répression rapide, assurerait leur tranquillité.

Des mouvements dits socialistes et ils sont bien nombreux, malgré les divergences intrinsèques qui animent leurs théories, vont foisonner au XIXe siècle.

Des théories vont fleurir au coin des rues et vont inquiéter le bourgeois. Toute cette deuxième partie va tenter de reconstituer, de réanimer, de réorganiser l'histoire.

2 – SÉNÉCAL

Sénécal mériterait que nous lui consacrions quelques lignes car il est en effet le seul personnage véritablement révolutionnaire de ce roman. Il représente le poison sauveur de cette société. Sénécal est un théoricien. Lui aussi détient sa théorie sociale. Ce bouleversement général que Sénécal tente de provoquer est semblable à l'image d'une contagion qui libèrerait les individus.

Dans *Le théâtre et son double*, Artaud prononce le mot « peste », et d'une façon adroite, explique le phénomène de l'histoire :

« Il se peut que le poison du théâtre, jeté dans le corps social le désagrège, comme dit saint Augustin, mais il le fait alors à la façon d'une peste, d'un fléau vengeur, d'une épidémie salvatrice, dans laquelle les époques crédules ont voulu voir le doigt de Dieu et qui n'est pas autre chose que l'application d'une loi de nature où tout geste est compensé par un geste et toute action par sa réaction. »

Comme nous l'avons écrit plus haut, le socialisme ou plutôt les socialismes, fleurissent à chaque coin des rues, à n'importe quel hasard du chemin. Cette abondance de théories, Flaubert ne l'apostrophe pas, mais au contraire va la métamorphoser en un personnage sérieux et intègre, Sénécal :

« [...] chaque soir, quand sa besogne était finie, il regagnait sa mansarde, et il cherchait dans les livres de quoi justifier ses rêves. Il avait annoté le *Contrat social*. Il se bourrait de la *Revue Indépendante*. Il connaissait Mably, Morelly, Fourier, Saint-Simon, Comte, Cabet, Louis Blanc, la lourde charretée des écrivains socialistes, ceux qui voudraient la divertir dans un lupanar ou la plier sur un comptoir ; et, du mélange de tout cela, il s'était fait un idéal de démocratie vertueuse, ayant le double aspect d'une métairie et d'une filature, une sorte de Lacédémone américaine où l'individu n'existerait que pour servir la société, plus omnipotente, absolue, infaillible et divine que les Grands Lamas et Nabucho-donosores. »

Ayant réussi à se créer son propre idéal, Sénécal apparaît la rigueur incarnée. Il surprend par les contrastes violents de ses relations. Différence doublement accentuée par le fait que Sénécal est dépositaire d'une vérité théorique donc doublement dogmatique. Ce dogmatisme ne fait que s'accroître avec tous les problèmes sociaux qui persécutent cet individu. Il se retrouve comme centre révolutionnaire. Il obtient l'admiration de ses camarades, par ce besoin d'identification, qui se manifeste chez ces derniers. Deslauriers portera le même costume que Sénécal que le répétiteur arrive à traduire ce sentiment de révolte, par ce désir de liberté qui fait de ce personnage, un centre unique. Ses gestes, sont langage, son refus généralisé de la facilité font de lui l'archétype révolutionnaire.

Nous ne pouvons parler d'un autre personnage à l'intérieur de cet homme.

Il n'y a que le révolutionnaire, aucune vie parallèle n'habite ce répétiteur sévère.

« Il (Sénécal) s'était battu dans l'affaire de mai 1839 ; et, depuis lors, se tenait à l'ombre, mais s'exaltant de plus en plus, fanatique d'Alibaud, mêlant ses griefs contre la société à ceux du peuple contre la monarchie et s'éveillant chaque matin avec l'espoir d'une révolution qui, en quinze jours ou un mois, changerait le monde. »

Changer le monde, pour Sénécal, cela voulait dire, un monde meilleur, réalisant une société juste. Mais, Deslauriers est beaucoup moins utopique que son ami, et surtout beaucoup moins ambitieux ; une révolution qui lui permettrait d'améliorer sa condition sociale, lui suffirait grandement :

« Leur séparation n'avait eu rien de pénible. Sénécal, dans les derniers temps, recevait des hommes en blouse tous patriotes, tous travailleurs, tous braves gens, mais dont la compagnie semblait fastidieuse à l'avocat.

D'ailleurs certaines idées de son ami, excellentes comme armes de guerre, lui déplaisaient. Il s'en taisait par ambition, tenait à la ménager pour le conduire, car il attendait avec impatience un grand bouleversement où il comptait bien faire son trou, avoir sa place. »

Sénécal ne serait aidé et soutenu par personne, s'il n'y avait Dussardier dont « le spectacle des injustices lui faisait bondir le cœur. Il s'inquiétait de Barbès, il était de ceux qui se jettent sous les voitures pour porter secours aux chevaux tombés ».

La quête de la justice, la recherche d'une société sans classe donc sans injustice, va motiver Sénécal. L'espoir est trahi par la méconnaissance essentielle du malaise.

C'est pourquoi la révolution avortera. Un manque de maturité, une révolution pleine d'entrain mais trop folle, trop aveugle, et Friedrich Engels de dire dans l'introduction à l'œuvre de Karl Marx, *Les Luttes des Classes en France de 1848-1850*[1] :

« Même à Paris les masses prolétariennes elles-mêmes n'avaient encore, après la victoire, absolument aucune idée claire de la voie à suivre. »

La révolution était considérée en tant que fin alors qu'elle n'est que le moyen de faire avancer l'histoire : Deslauriers a des vues bien différentes de celles de Sénécal sur le rôle de la révolution. Et malgré cela, tous avançaient pour apporter à cette société le Bouleversement Général.

---

1. Karl Marx, *Les luttes de classes en France 1848-1850,* introduction Friedrich Engels, Éditions Sociales.

3 – RÉUNIONS ET RÉCEPTIONS

a) Introduction

Cette reconstitution de l'histoire se matérialise par l'idée de cohésion de regroupement. Ainsi, dans la seconde partie de L'*Éducation sentimentale*, vont abonder réunions et réceptions : et jusqu'au déclenchement de l'émeute, nous allons par le biais de ces réunions sentir monter la sève régénératrice et reconstituante de l'histoire. Nous connaîtrons l'histoire quotidienne, les faits les plus marquants.

Les mots sont à peine prononcés car les problèmes de cette génération sont évidents à ceux qui les rencontrent quotidiennement. Les mots, les phrases vivent dans leur Histoire et se soucient peu du caractère « usé ». Nous sentons cette montée phraséologique à l'image de cette poussée révolutionnaire dont le premier but à atteindre se limite aux normes du présent. Nous sentons le cœur de l'histoire battre derrière chaque mot. Et ces mots sont prononcés par des personnes qui ont en elle un besoin de se rassembler avec leurs semblables.

L'autre sécurise quand il appartient au même monde que ses compagnons. Quand ils subissent tous le même malaise. Nous allons donc étudier cette montée de l'histoire au cœur de cette époque en considérant les deux forces, les deux blocs en présence : Haute Bourgeoisie et Prolétariat.

B) - Réunions « Sénécal »
Du départ de l'idée de Révolte

Comme nous l'avons vu, Sénécal est l'une des principales victimes de la société.

C'est donc par lui, par sa situation, par son comportement et par sa réaction que nous allons connaître un des départs de l'idée de liberté car ce siècle a besoin, de quelque façon que ce soit, de se libérer. La présence quotidienne de l'injustice, de l'arrogance du luxe, une autre forme d'injustice, va provoquer chez cet individu de nombreuses réactions, suscitant de vives discussions d'où naîtront les premiers effets révolutionnaires. En effet, lorsque Sénécal fut entraîné par Deslauriers chez Frédéric il fut mis en face de ce qui est pour lui un vice c'est à dire, le luxe et l'ineptie.

« Sénécal se rembrunit, comme les ragots amenés dans les réunions de plaisir. »

Il ne veut en aucun cas jouir de toutes les attentions aristocratiques :

« Il commença par demander du pain de ménage (le plus ferme possible, et, à ce propos, parla des meurtres de Buzançais et de la crise des subsistances.

Rien de tout cela ne serait survenu si on protégeait mieux l'agriculture, si tout n'était pas livré à la concurrence, à l'anarchie, à la déplorable maxime du "laissez faire, laisser passer" ! Voilà comment se constituait la féodalité de l'argent, pire que l'autre ! Mais qu'on y prenne garde ! le peuple, à la fin, se lassera, et pourrait faire payer ses souffrances aux détenteurs du capital, soit par de sanglantes proscriptions, ou par le pillage de leurs hôtels. »

Cette fameuse crise des subsistances est-elle au départ de la révolution ?

Évidemment une révolution n'a pas de point de départ précis ; elle est la synthèse de la souffrance arrivée au point du paroxysme ; mais toutes ces rivières qui vont se jeter dans un torrent sont plus ou moins importantes.

Et il se trouve que cette crise a eu une plus grosse influence que les autres.

En effet, Karl Marx d'écrire dans *Les Luttes des Classes en France*[2] :

« Enfin deux événements économiques mondiaux précipitèrent l'explosion du malaise général et mûrirent le mécontentement jusqu'à la révolte. La maladie de la pomme de terre et les mauvaises récoltes de 1845 et de 1846 accentuèrent l'effervescence générale dans le peuple. Le renchérissement de la vie en 1847 provoqua en France comme sur tout le reste du continent des conflits sanglants. Face aux orgies scandaleuses de l'aristocratie financière, c'était la lutte du peuple pour les moyens d'existence les plus élémentaires ! À Buzançais on exécuta les émeutiers de la faim, à Paris des escrocs repus étaient soustraits aux tribunaux par la famille royale. »

Après ce point crucial qui, par son implacable historicité, nous permet de comprendre l'enthousiasme aveugle qui entraînera la révolution vers cet idéal d'Égalité, Liberté, et de Fraternité, donc après ce détail historique nous comprenons le sentiment d'égalitarisme que réclame la majeure partie de la classe ouvrière.

La deuxième grande idée de ce texte s'adresse à une sorte de racisme qui parcourt la société et dont l'ouvrier en est la principale

---

2. Karl Marx, *Les luttes de classes en France, 1848-1850,* op.cit.

victime. « Sénécal continuait : l'ouvrier vu l'insuffisance des salaires, était plus malheureux qui l'ilote, le nègre et le paria, s'il a des enfants surtout. »

Cette misère, proportionnelle à l'accroissement de la population, devenait plus dangereuse. Ainsi, de nombreuses solutions étaient proposées. À ces questions angoissantes, des noms-panique parcouraient les discussions, tel le nom de cet économistes Anglais, auteur d'*Un essai sur le principe de la population*, qui présente l'augmentation constante de la population comme un danger pour la subsistance du monde.

À ce problème majeur, Cisy, dépositaire de toute une éducation aristocratique, et se comportant en tant que tel, pensait que les classes élevées pourraient faire quelque chose. Mais que veut dire « élevées » pour un homme en quête d'un idéal social.

« Ah ! les classes élevées ! dit, en ricanant, le socialiste. D'abord, il n'y a pas de classes élevées ; on n'est élevé que par le cœur ! Nous ne voulons pas d'aumônes, entendez-vous ! mais l'égalité, la juste répartition des produits. »

Sur la route de l'égalité, comme nous l'avons écrit quelques pages auparavant, marchent de nombreux poètes, et avec eux toutes les nouvelles divergences qui animent la nouvelle théorie. Nous avons encore un exemple, ici, formulé par Deslauriers :

« Hussonnet, comme poète, regrettait les bannières : Pellerin aussi, prédilection qui lui était venue au café Dagneaux, en écoutant causer les phalanstériens. Il déclara Fourier un grand homme.

— Allons donc ! dit Deslauriers. Une vieille bête ! qui voit dans les bouleversements d'empire des effets de la vengeance divine ! c'est comme le sieur Saint-Simon et son église, avec sa haine de la Révolution Française : un tas de farceurs qui voudraient nous faire refaire le catholicisme ! »

« Puis la conversation descendit aux événements contemporains » et l'on parla très vite Impôts. Des impôts au luxe il n'y a qu'un pas que va franchir Cisy en parlant d'un bal aux Tuileries. Cette marque flagrante qui accentue le malaise populaire ne fait que confirmer la réflexion de Karl Marx qui écrivit dans *Les Luttes des Classes en France*[3] :

---

3. Karl Marx, *Les luttes de classes en France, 1848-1850*, op.cit.

« Les ravages causés dans le commerce et l'industrie par la crise économique rendaient encore plus insupportable l'omnipotence de l'aristocratie financière. »

Des Tuileries à Versailles

« Et le musée de Versailles ! s'écria Pellerin. Parlons-en ! Ces imbéciles-là ont raccourci un Delacroix et rallongé un Gros ! Au Louvre, on a si bien restauré, gratté et tripoté toutes les toiles, que, dans dix ans, peut-être pas une ne restera. Quant aux erreurs du catalogue, un Allemand a écrit dessus tout un livre. Les étrangers, ma parole se fichent de nous ! »

Ce sentiment d'être « la risée de l'Europe » commençait à se répandre au sein des classes opprimées. Un argument qui était employé pour réanimer au fond d'un chacun sentiment d'orgueil.

L'Art et la Presse

Une question qui est abordée par Sénécal et ses camarades. « L'Art est inféodé à la couronne. » Un argument très original pour le

XIXe siècle où l'art est arrivé à transmettre ce malaise que certains poètes ont traduit par l'image, par l'évasion, par la fuite. Cette intervention est certainement très courante en ce siècle, mais dans la bouche de Pellerin elle se limite au personnage et perd sa valeur.

Il est très intéressant de noter ce désir d'être accepté et reconnu par la société comme des citoyens au même titre que n'importe quel travailleur. L'Art est prisonnier politiquement, il est inféodé car il appartient à cette société qui jongle avec l'argent.

« Que voulez-vous faire dans une époque de décadence comme la nôtre ? La grande peinture est passée de mode ! D'ailleurs, on peut mettre de l'art partout. Vous savez, moi, j'aime le Beau ! »

Comme le dit Arnoux, mais entre les lignes, lorsque les tableaux ne se vendent plus, sont passés de mode, et bien, la faïence, qui est à la mode, doit mieux se vendre. Pour cela, l'Art qui ici est représenté par la peinture connaît lui aussi, non par sa valeur car il y a toujours de bons ou de mauvais peintres, mais dans cette alliance, que nous pensons, incompatible, de l'Art et du commerce. L'Argent attaque tous les centres culturels, il dévore tout à la manière du cochon de Saint-Antoine, il avale tout ce qu'il rencontre sur son chemin.

Et la Presse ? Elle aussi. « Le gouvernement nous dévore ! Tout est à lui, la Philosophie, le droit, les arts, l'air du ciel ; et la France râle énervée, sous la botte du gendarme et la soutane du calotin ! »

« Je bois à la destruction complète de l'ordre actuel, c'est-à-dire de tout ce qu'on nomme Privilège, Monopole, Direction, Hiérarchie, Autorité, État ! – et, d'une voix plus haute – que je voudrais briser comme ceci, en lançant sur la table le beau verre à patte, qui se fracassa en mille morceaux. »

Que ces mots sonnent faux dans la bouche de Deslauriers ! Un appel au bouleversement général, certes mais un appel théâtral, faussé, comme l'est cet espoir chambarder, qui s'avèrera lui aussi faux par une Révolution-Théâtrale.

C) - Réunion « Dambreuse »

Le bourgeois et la République

Dans ce chapitre, nous allons constater les effets de ces mots porteurs de germes.

Nous allons regarder cette famille bourgeoise devant cette poussée révolutionnaire grandissante ; et ainsi, nous allons connaître les conséquences rapides de cette Montée réorganisatrice de l'Histoire.

Nous avons choisi en ce qui concerne l'idée révolutionnaire, le rendez-vous chez Frédéric qui me semblait être le plus significatif des raisons de cette révolte, quant à la réaction bourgeoise, nous allons travailler sur deux passages de *L'Éducation sentimentale*, à savoir : de la page 185 à la page 188, et de la page 264 à la page 265 [4].

Chez Dambreuse

Flaubert nous décrit l'arrivée de Frédéric chez les Dambreuse. Le luxe se déverse à seaux, les détails débordent tout est inutilement grand. Nous sentons un monde superbe qui témoigne à la limite du rêve. Un monde extraordinairement beau mais qui semble se refléter dans les eaux de l'imaginaire : « Les globes de porcelaine versaient une lumière qui ondulait comme des moires de satin blanc sur les murailles. »

Le lustre domine ; la lumière artificielle, nous l'avons vue, dans le chapitre sur l'artifice, éclaire toutes les fêtes. L'abondance de cette

---

4. *L'Éducation sentimentale*, Garnier Flammarion, op. cit.

réception réside tout d'abord dans le nombre de personnes. Nous sentons un monde qui se dégrade.

Nous présentons la chute, et, Flaubert projette son idée de désastre, en faisant de ces hommes des morts vivants :

« La foule des hommes qui se tenaient debout sur le parquet, avec leur chapeau à la main, faisait de loin une seule masse noire, où les rubans des boutonnières mettaient des points rouges çà et là, et que rendait plus sombre la monotone blancheur des cravates. »

Il nous semble que cette réception dépasse le monde de l'artifice pour sombrer dans celui de la fiction exprimant la décadence à travers le regard transformateur de Flaubert qui anticipe le destin de ces hommes.

C'est une projection dans le futur qui fait écho à cette pensée spontanée de Frédéric lorsque Sénécal prononçait ces mots fatidiques :

« Le peuple à la fin se lassera… »

Et Frédéric d'imaginer :

« Frédéric entrevit, dans un éclair, un flot d'hommes aux bras nus envahissant le grand salon de Mme Dambreuse, cassant les glaces à coups de pique. »

Les discussions semblent d'une monotonie qu'engendre le traditionnel pouvoir aveugle.

Les discussions tournent toujours autour des mêmes sujets. Si les sujets changent, ils sont toutefois enfermés dans le rythme de la discussion mondaine :

« Et derrière lui, trois roquentins, postés dans une embrasure, chuchotaient des remarques obscènes ; d'autres causaient chemin de fer, libre-échange ; un sportsman contait une histoire de chasse ; un légitimiste et un Orléaniste discutaient. »

Une sombre monotonie qui va soudain par la présence d'un autre groupe de personnes se rompre devant des problèmes causés par « cette classe d'hommes qui rêvent le bouleversement de la société !… Ils demandent l'organisation du travail… conçoit-on cela ? »

La révolution ne semble pas être prise très au sérieux. En effet, ils ne sentent pas au centre de leur cercle cette poussée intérieure d'une époque.

La révolution est pour eux tout juste une mode à qui l'on donne trop d'importance :

« N'importe, remarqua tout haut un monsieur, on s'occupe trop de la Révolution ; on publie là-dessus un tas d'histoires de livres !...
— Sans compter, dit Martinon, qu'il y a, peut-être, des sujets d'études plus sérieux ! »

Il y a des positions négatives qui s'affirment très nettement.
En effet, chaque conviction des Dambreuse, connaît sa négation dans le groupe Sénécal.

DAMBREUSE	SÉNÉCAL
RELIGION	
« Elles sont gangrénées ! s'écria le catholique. Faites qu'on raffermisse la Religion. »	« Un tas de farceurs qui voudraient nous refaire le catholicisme. »
Luxe	
« Le luxe favorise le commerce. »	« De tels spectacles corrompaient les filles du prolétaire puis on les voyait étaler un luxe insolent. »

| DAMBREUSE | SÉNÉCAL |
|---|---|―

L'ART ET LA PRESSE

« — Ainsi, par exemple, ce nouveau drame, *La Reine Margot*, dépasse véritablement les bornes où était le besoin quand nous parlions des Valois ? Tout cela montre la royauté sous un jour défavorable ! C'est comme votre presse ! Les lois de septembre, on a beau dire, sont infiniment trop douce ! Moi, je voudrais des cours martiales pour bâillonner les journalistes ! À la moindre insolence, traîner devant le conseil de guerre ! Et elle est donc ! »

« Il venait de voir, au théâtre de Dumas, *Le chevalier de Maison-Rouge*, et trouvait ça embêtant. Un jugement pareil étonna les démocrates, ce drame, par ses tendances, ses décors plutôt, caressant leurs passions. Ils protestèrent. Sénécal, pour en finir, demanda si la pièce servez la démocratie.
— Oui trop ! Peut-être ; mais c'est d'un style…
— Et bien, elle est bonne, alors qu'est-ce que le style ? C'est l'idée.
— Est-ce que les journaux sont libres ? Est-ce que nous le sommes ? »

En conclusion de cette partie, nous nous contenterons de citer une phrase qui suit la discussion chez Dambreuze et qui est, nous-semble-t-il, très évocatrice de cette montée révolutionnaire qui va mordre à pleines dents dans le cercle du traditionnel.

« Le cercle fut contraint de s'entrouvrir pour livrer passage à un domestique pourtant un plateau, et qui tachait d'entrer dans le salon des joueurs. » la révolution s'infiltre au cœur même de la cible à atteindre.

À cette phrase fait écho, le billet de Deslauriers :
« Bon vieux,

La poire est mûre. Selon ta promesse, nous comptons sur toi. On se réunit demain au petit jour, place du Panthéon. Entre au café Soufflot. Il faut que je te parle avant la manifestation. »

CHAPITRE SECOND

LA MORT D'UN NOUVEAU NÉ

PREMIÈRE PARTIE

QUAND LE PEUPLE EST SOUVERAIN

« Même à l'époque classique des combats de rue, la barricade avait donc un effet plus de morale que matériel. Elle était un moyen d'ébranler la fermeté des soldats si elle tenait jusqu'à ce que celle-ci flanche, la victoire était acquise ; sinon on était battu (tel est le point principal qu'il faut également avoir à l'esprit dans l'avenir lorsque l'on examine la chance d'éventuelles combats de rue.)[5] »

---

5. Karl Marx, *Les luttes de classes en France 1848-1850*, op.cit.

1 – « — AH ! ON CASSE QUELQUES BOURGEOIS »

Nous avons étudié l'organisation de la révolution, la montée de la colère ; arrivé au paroxysme de la forme, l'abcès se crève et déverse sur la France la violence de longues années d'acceptation résignée « le bruit d'une fusillade le tira brusquement de son sommeil. »

A) Place au spectacle

Cette première révolte organise dans une ambiance de fête, où tout est suspendu dans le monde du rêve. Quelques détails réalistes qui soudain sont tournés en dérision par le voile du fictif.

« Fréderic les suivit. On avait arraché les grilles de l'Ascension. Plus loin, il remarqua trois pavés, au milieu de la voie, le commencement d'une barricade, même doute, puis des tessons de bouteilles, et des paquets de fil de fer pour embarrasser la cavalerie ; quand tout à coup s'élança d'une ruelle un grand jeune homme pâle, dont les cheveux noirs flottaient sur les épaules, prises dans une espèce de maillot à pois de couleur. Il tenait un long fusil de soldats, et courait sur la pointe de ses pantoufles, avec l'air d'un somnambule et leste comme un tigre. »

Flaubert a tenu à nous décrire cette révolution comme un mensonge, à travers un écran fantastique, quasi magique, aux accents de fête, à la manière de ce sacrifice antique où le sang se mêlait à la danse, où le vin enivrait l'extase d'une colère, et où, le délire se mêlait à la foule.
La révolution « s'organisait formidablement ». Les détails assouvissent notre curiosité :
« Des hommes d'une éloquence frénétique haranguaient la foule au coin des rues ; d'autres dans les églises sonnaient le tocsin à pleine volée ; on coulait du plomb, on roulait des cartouches ; les arbres des boulevards, les vespasiennes, les bancs, les grilles, les becs de gaz, tout fut arraché, renversé ; Paris le matin, était couvert de barricades. La résistance ne dura pas ; partout la garde nationale s'inter-

posait ; si bien qu'à huit heures, le peuple, de bon gré ou de force, possédait cinq casernes, presque toutes les mairies, les points stratégiques les plus sûrs. D'elle-même, sans secousse, la Monarchie se fondait dans une dissolution rapide. »

Cette monarchie qui se liquéfie, qui se vida, fait écho au sang qui coule dans les rues.

« De toutes les fenêtres de la place, on tirait ; les balles sifflaient, l'eau de la fontaine crevée se mêlait avec le sang, faisait des flaques par terre. »

Malgré ce sang qui s'enfuit, la révolte connait un côté spectaculaire des festivités.

« Frédéric, pris entre deux masses profondes, ne bougeait pas, fasciné d'ailleurs et s'amusant extrêmement. Les blessés qui tombaient, les morts étendus n'avaient pas l'air de vrais blessés, de vrais morts. Il lui semblait assister à un spectacle. » La suite ne dément pas cette sensation de bal populaire, les marchands de vin étaient ouverts ; on allait de temps à autre fumer une pipe, boire une chope, puis on retournait se battre. Un chien parfois hurlait. Cela faisait rire. »

Un peuple affamé travaille à son union malgré les présages sombres de la défaite que Flaubert dessine sous nos yeux.

« Il y avait près de l'Arc de Triomphe, un cheval mort, étendu. » Augure aussi, l'homme détaché de la foule qui se jette avidement dans le luxe, sans bien réfléchir, comme une bête, ce qui reflète, l'image de décadence d'un peuple longtemps bâillonné et aveugle sous la tyrannie : « Il saisit à deux mains un bocal plein de sucre en poudre, jeta un regard inquiet de droite et de gauche, puis se mit à manger voracement, son nez plongeant dans le goulot. »

Cet acte du chacun pour soi, démentit cette ambiance collective, cette union : « C'était le peuple. »

Le mot est prononcé, et soudain, prend une valeur nouvelle. Le peuple signifie union. Mais, à cette sublimation du mot, Flaubert le décrit dans la triste réalité du terme lorsque l'on enlève à ce vocable, cette cristallisation fantastique de la mission.

« C'était le peuple. Il se précipita dans l'escalier, en secouant à flot vertigineux des têtes nues, des casques, des bonnets rouges, des baïonnettes et des épaules, si impétueusement, que des gens disparaissaient dans cette masse grouillante qui montait toujours, comme un fleuve refoulé par une marée d'équinoxe, avec un long mugissement, sous une impulsion irrésistible. En haut elle se répandit, et le chant tomba. »

Aux limites du carnavalesque, un besoin d'identification se dessine. Une psychose collective à des fins subversives va animer cette foule.

« Quel mythe ! dit Hussonnet. Voilà le peuple souverain. »

Un peuple qui va couronner sa victoire en brisant ses chaînes, et, une folie destructive va s'éprendre de leurs personnes, telles des enfants qui s'amusent nerveusement brisant ainsi l'écran du réel, se laissant guider par leur violence tolérée. Cette fureur victorieuse ne s'explique pas, elle se ressent ; c'est pourquoi nous allons nous contenter de rapporter quelques extraits de *L'Éducation sentimentale* :

« Le fauteuil fut enlevé à bout de bras, et traversa toute la salle en se balançant.

— Saprelotte ! comme il chaloupe ! Le vaisseau de l'État est balloté sur une mer orageuse ! Cancane-t-il ! cancane-t-il !

On l'avait approché d'une fenêtre, et, au milieu des sifflets, on le lança.

— Pauvre vieux ! dit Hussonnet en le voyant tomber dans le jardin, où il fut repris vivement pour être promené ensuite jusqu'à la Bastille et brûlé. »

Le feu a toujours eu un rôle purificateur, et la fête se perpétue revêtant un caractère presque religieux. Le peuple est souverain, et qui plus est, sublimé par la victoire. Il va purifier chaque meuble, chaque témoin de l'oppression étatique :

« Alors, une joie frénétique éclata, comme si, à la place du trône, un avenir de bonheur illimité avait paru ; et le peuple, moins par vengeance que pour affirmer sa possession, brisa, lacéra les glaces et les rideaux, les lustres, les flambeaux, les tables, les chaises, les tabourets, tous les meubles jusqu'à des albums de dessins, jusqu'à des corbeilles de tapisserie. Puisqu'on était victorieux, ne fallait-il pas s'amuser ! La canaille s'affubla ironiquement de dentelles et de cachemires. Des crépines d'or s'enroulèrent aux manches des blouses, des chapeaux à plumes d'autruche ornaient la tête des forgerons, des rubans de la Légion d'Honneur firent des ceintures aux prostituées. Chacun satisfaisait son caprice ; Les uns dansaient, d'autres buvaient. Dans la chambre de la reine, une femme lustrait ses bandeaux avec de la pommade ; derrière un paravent, deux amateurs jouaient aux cartes ; Hussonnet montra à Frédéric un individu qui fumait son brûle-gueule accoudé sur un balcon ; et le délire redoublait son tintamarre continu des porcelaines brisées et des morceaux de cristal qui sonnaient, en rebondissant, comme des lames d'harmonica. Puis la fureur s'assombrit. Une curiosité obscène fit fouiller tous les cabinets, tous les recoins, ouvrir tous les tiroirs. Des galériens enfoncèrent leurs bras dans la couche des princesses, et se roulaient dessus par consolation de ne pouvoir les violer. D'autres, à figures plus sinistres, erraient silencieusement, cherchant à voler quelque chose ; Mais la multitude était trop nombreuse. Par les bais des portes, on n'apercevait dans l'enfilade des appartements que la sombre masse du peuple entre les dorures, sous un nuage de poussière. Toutes les poitrines haletaient ; la chaleur de plus en plus devenait suffocante ; les deux amis, craignant d'être étouffés, sortirent.

Dans l'antichambre, debout sur un tas de vêtements, se tenait une fille publique, en statue de la Liberté, immobile, les yeux grands ouverts, effrayante. »

Une statue de la Liberté, aux allures macabres de la fin tragique d'une fête, est un nouvel effet de Flaubert annonçant la destinée de cet espoir trop puéril. Mais cette pâle vision est aussitôt contredite par la joie incontrôlable de Dussardier, blessé légèrement, et qui répond à Frédéric et Hussonnet, inquiets de sa personne.

« — Bah ! Je suis solide ! Qu'est-ce que ça fait ? La République est proclamée ! On sera heureux maintenant ! Des journalistes qui causaient tout à l'heure devant moi disaient qu'on va affranchir la Pologne et l'Italie ! Plus de bois ! Comprenez-vous ? Toute la terre !

Toute la terre libre !… Vive la République. »

2 – LE SOCIALISME, UN BON PRÉTEXTE ÉLECTORAL

Nous sentons, encore et toujours, cette atmosphère de gaité qui caractérise les fêtes. En effet, au nom de Vive la République, Paris se libère, mais cette liberté cache l'inquiétude. Tous les gens dans la rue sous le masque du rire et de la joie, préservent un visage soucieux, inquiet.

« Comme les affaires étaient suspendues, l'inquiétude et la badauderie poussaient tout le monde hors de chez soi. Le négligé des costumes atténuait la différence des rangs sociaux, la haine se cachait, les espérances s'étalaient, la foule était pleine de douceur. L'orgueil d'un droit conquis éclatait sur les visages. On avait une gaieté de carnaval, des allures de bivac ; rien ne fut amusant comme l'aspect de Paris, les premiers jours. »

Le carnavalesque bat son plein. « Vers le milieu du mois de mars », chacun allait tenter sa chance en arborant ses malheurs, sous le déguisement dû à la situation.

« Vers le milieu du mois de mars, un jour qu'il traversait le pont d'Arcole, ayant à faire une commission pour Rosanette dans le quartier latin, Frédéric vit s'avancer une colonne d'individus à chapeaux bizarres, à longues barbes. En tête et battant du tambour marchait un nègre, un ancien modèle d'atelier, et l'homme qui portait la bannière sur laquelle flottait au vent cette inscription, « Artistes peintres », n'était autre que Pellerin. »

L'Histoire qui avait fortement rassemblé ses forces, est en train de constater le dispersement de l'idée d'« union ».

Nous sentons, dès la fin de février et dans le courant mars, qu'une crise encore plus violente que la première et plus accablante, affecte cette société. Un espoir doublé d'un enthousiasme, qui vient se briser, à coups répétés, contre le trop tôt de l'événement.

« — Quelle bêtise ! Grommela une voix dans la foule.

Toujours des blagues ! Rien de fort !... Prenez garde, nous allons être débordés ! » Ou bien « Mais, sacrebleu ! On escamote la République ! » Cette phrase connaît une valeur prophétique, et, elle gratte l'artifice de la fête, faisant apparaître l'image de cette fille publique effrayante, et de ce cheval mort derrière l'arc de Triomphe : « La France, ne sentant plus de maire, se mit à crier d'effarement, comme un aveugle sans bâton, comme un marmot qui a perdu sa bonne. »

Et, dans ce désordre, les élections vont précipiter cette foule dans un dispersement qui fut fatal à cette union appelée Peuple, le temps d'un cri de joie ou le magique se confond, quelquefois, avec la réalité.

Après la prescription de cette après-révolution, qui constate la déroute flagrante d'un peuple éperdu dans une Histoire qui le dépasse.

Nous allons assister à une véritable ruée vers le socialisme ; chacun détient son programme, qu'il soit aristocrate, banquier, petit bourgeois, chacun va tenter sa chance, flattant son penchant humanitaire à la manière du sieur Dambreuse :

« Car enfin, plus ou moins, nous sommes tous ouvriers. »

Cette course frénétique vers la gloire, tourne la tête à plus d'un. Plusieurs clubs se forment, et, le délire favorise les raisons :

« Les grandes figures de la Convention passèrent devant ses yeux. Il lui sembla qu'une aurore magnifique allait se lever. Rome, Vienne, Berlin, étaient en insurrection, les Autrichiens chassés de Venise ; toute l'Europe s'agitait. C'était l'heure de se précipiter dans le mouvement, de l'accélérer peut-être ; et puis il était séduit par le costume que les députés, disait-on, porteraient. Déjà, il se voyait en gilet à revers avec une ceinture tricolore ; et ce prurit, cette hallucination devint si forte, qu'il s'en ouvrit à Dussardier.

« Et ce « n'épargnez rien, ô riches ! Donnez ! Donnez ! » témoigne de la banalité des propos que chaque candidat éprouve le besoin de crier aux foules. Le comique virulent, avec lequel Flaubert nous décrit ce genre de manifestation publique, trouve son aboutissement dans *La Réunion du club de l'Intelligence*, où une suite de personnes bien pensantes, aux résolutions humanitaires, toutes obsédées par l'idée du Bien, de résoudre les problèmes odieux qui affectent la classe ouvrière, montaient à la Tribune.

« Puis un patriote en blouse gravit la Tribune. Celui-là était un plébéien, large d'épaules, une grosse figure très douce et de longs cheveux noirs. Il parcourut l'assemblée d'un regard presque voluptueux, se renversa la tête, et enfin, écartant les bras :

— Vous avez repoussé Ducretot, ô mes frères ! et vous avez bien fait, mais ce n'est pas par irréligion, car nous sommes tous religieux.

Plusieurs écoutaient la bouche ouverte, avec des airs de catéchumènes des poses extatiques.

— Ce, n'est pas, non plus, parce qu'il est prêtre, car nous aussi, nous sommes prêtres ! L'ouvrier est prêtre, comme l'était le fondateur du socialisme, notre Maître à tous, Jésus-Christ ! »

S'adapter à la situation, et, en savoir tirer profit, était une chose facile pour un banquier, homme d'affaires, tel que Monsieur Dambreuse. Soudain, il se considère comme le représentant de la véritable théorie du socialisme. La République est à l'image de cette fille publique, elle est effrayante. Tout se transforme, et, pourtant, rien, n'a changé.

UN ROMAN HISTORIQUE ?

« La misère abandonnait à eux-mêmes un nombre considérable d'ouvriers ; et ils venaient là, tous les soirs, se passer en revue sans doute, et attendre un signal. »

DEUXIÈME PARTIE

AU HASARD DES REGARDS

« Une nouvelle révolution n'est possible qu'à la suite d'une nouvelle crise. Mais elle est aussi sûre que celle-ci. »[6]

---

6. Karl Marx, *Les luttes de classes en France 1848-1850*, op.cit.

L'histoire agit librement aux quatre coins de notre lecture. Mais cette histoire, qui s'inscrit dans l'Histoire, va jouer parallèlement avec l'importance de l'événement. Ainsi, l'Histoire va s'interposer dans l'œuvre à la manière dont elle s'imposa dans la vie d'un chacun.

En effet, il fut certainement très difficile, pour qui que ce soit, de pouvoir s'en détacher. L'Histoire va frapper aux portes, et, va s'installer chez tous. Paris est pénétré par elle ; Tous les esprits sont plus ou moins intensément absorbés par ce bouleversement social.

Frédéric habite Paris. Il est mêlé, bon gré, mal gré, aux événements. Il sera soudain, lui aussi, contaminé par l'aspect enivrant de la situation. Tout est possible ; les personnages sont prisonniers d'un « cercle magique »[7] : la Révolution.

---

7. Expression empruntée au titre de l'essai d'Henri Rey-Flaud, *Le Cercle Magique*, Bibliothèque des idées, Gallimard.

Combien étaient-ils ces Frédéric, ces Deslaurier qui espéraient, avec la révolution, gravir les échelons du rang social.

Au fil des rues, au hasard des regards, ils étaient les témoins figés de ce grand tableau inachevé de Pellerin : « Le Génie de la Révolution ».

Aux regards de Frédéric, à ceux de Flaubert, vont s'ajouter ceux de Marx et de Lénine, et, un superbe feu de témoignages va éclairer tout un ciel historique, où chaque détail va confirmer le détail, où les regards vont confirmer le regard.

1 – AU LONG DE L'HISTOIRE

« Des voyageurs, arrivés nouvellement, leur apprirent qu'une bataille épouvantable ensanglantait Paris. »

Frédéric est le porte-parole de l'œuvre, le prétexte qui nous rapporte des détails constituant l'invasion de Paris par l'histoire. Frédéric, à la recherche de son ami Dussardier, va se trouver en proie de l'horrible spectacle de la guerre civile qui va s'interposer à chacun de ses regards. En effet, la révolution de février réalisait l'union entre une classe dirigeante, contre les vestiges d'une aristocratie détenant les capitaux.

Juin est plus complexe. Toutes ces divergences que nous avons expliquées, n'ont cessées de s'accentuer, et, la révolution de juin, contrairement à la première est dirigée tout principalement contre le prolétariat. Les banques vont s'ingénier à tenir malgré tout, les rênes de ce bouleversement qu'elles s'approprient aidées par les gardes mobiles, ce qui va très rapidement freiner les élans trop enthousiastes.

Nous citons ci-dessous une réflexion de Karl Marx sur ces deux révolutions si proches l'une de l'autre, et pourtant si différentes.

« Le 25 février 1848, octroya la "république" à la France, le 25 juin lui imposa la "révolution". Et après juin "révolution" voulait dire "subversion de la société bourgeoise", alors que, avant février, cela avait signifié "subversion de la forme de l'état". »[8]

Flaubert écrit : « La place du marché était couverte de faisceau d'armes. Le préfet avait défendu aux gardes nationaux de se porter sur Paris. Ce qui n'était pas de son département

---

8. Karl Marx, *Les luttes de classes en France 1848-1850*, op.cit.

voulait continuer leur route. On criait. L'auberge était pleine de tumulte. »

Plus loin, lorsque Frédéric marche seul sur la route, il est abordé par une sentinelle :

« — C'en est un ! prenez garde ! Fouillez-le ! brigand ! canaille ! »

Le trouble gagne tous les esprits.

Tout devient suspect. La guerre civile va plonger le peuple dans une inquiétude quasi physique. L'impression historique traduit ici la résonance populaire. Nous avançons au fil des lignes dans la peur, l'incertitude, plus profondément dans l'angoisse d'une époque.

« Quelquefois, un battement de pas lourds s'approchait. C'était une patrouille de cent hommes au moins ; des chuchotements, de vagues cliquetis de fer s'échappaient de cette masse confuse ; et, s'éloignant avec un balancement rythmique, elle se fondit dans l'obscurité. »

Projeter des images sur l'écran du futur, tel est aussi la vision de Flaubert. Des flashes éclairent le roman. Des photos animées dans la rigidité du temps vont nous projeter le Paris d'un XIXe siècle désespéré. « La place du Panthéon était pleine de soldats couchés sur de la paille. Le jour se levait. Les feux de bivouac s'éteignaient. »

« L'Insurrection avait laissé dans ce quartier-là des traces formidables. Le sol des rues se trouvait, d'un bout à l'autre, inégalement bosselé. Sur les barricades en ruines, il restait des omnibus, des tuyaux de gaz, des roues de charrettes ; de petites flaques noires, en de certains endroits, devaient être du sang. »

La monarchie Française avait été renversée en février 1848. Les républicains bourgeois étaient au pouvoir. Comme nos cadets, ils voulaient l'« ordre », appelant de ce nom la restauration et la consolidation des instruments monarchiques d'oppression de masses : police, armée permanente, corps de fonctionnaires privilégiés, détestant le prolétariat révolutionnaire avec ses aspirations (sociales), « c'est-à-dire socialiste » alors encore très confuses, ils entendaient, comme nos cadets, mettre un terme à la révolution. Comme nos cadets, ils vouaient une haine sans merci à la politique de diffusion de la révolution Française par toute l'Europe, de transformation de la révolution Française en une révolution prolétarienne mondiale.

Comme nos cadets, ils surexploitèrent habilement le « socialisme » petit-bourgeois de Louis Blanc, en faisant de ce dernier un ministre et en le transformant de chef ouvrier qu'il voulait être, en un auxiliaire, un valet de la bourgeoisie.

Tels étaient les intérêts de classe, l'attitude et la politique de la classe dirigeante.

La petite bourgeoisie représentait une autre force sociale d'une importance capitale, terrorisée par le spectre rouge, influencée par les clameurs élevées contre les « anarchistes ». Rêveuse dans ses aspirations et éprise de rhétorique « socialiste ». (Jusqu'à ce terme qui est repris textuellement aujourd'hui par les socialistes révolutionnaires conjointement avec les menchéviques !) La petite bourgeoisie craignit de faire confiance à la direction du prolétariat révolutionnaire, sans comprendre que cette crainte la condamnait à faire confiance à la bourgeoisie. Car il ne peut pas y avoir de ligne « moyenne » dans une société au sein de laquelle la bourgeoisie et le prolétariat se livrent une lutte de classe acharnée, surtout quand cette lutte est inéluctablement aggravée par la révolution. Car le propre de l'attitude de classes et des aspirations de la petite bourgeoisie, c'est de vouloir l'impossible, de rechercher l'impossible, bref, la ligne « moyenne ».

Le prolétariat était la troisième force d'une classe décisive, aspirant non à une « réconciliation » avec la bourgeoisie, mais à la victoire sur cette dernière, à la progression hardie de la révolution, et ce, sur un plan international. Voilà les conséquences historiques objectives qui engendrèrent Cavaignac. La petite bourgeoisie fut « écartée » par suite de ses hésitations, de tout rôle actif, et mettant à profit la crainte qu'elle avait de se fier au prolétariat, le général Cavaignac, cadet français, entreprit de désarmer les ouvriers parisiens et de les fusiller en masse.

« La révolution se solda par ces fusillades historiques ; la petite bourgeoisie, numériquement la plus nombreuse, était et resta politiquement impuissante, à la remorque de la bourgeoisie ; trois ans après, la monarchie césarisme était restaurée en France sous une forme particulièrement odieuse. »[9]

« Les fusillades historiques » dont nous parle Lénine ont aussi frappé un homme tel que

---

9. Lénine : *Œuvres Complètes, tome 25*, Éditions Sociales, Paris, 1957.

Gustave Flaubert. En effet, Sénécal va se trouver mêlé avec d'autres personnes, parqués, prisonniers, et, comme des bêtes derrière leurs grilles, ils subiront les atrocités monstrueuses de la défaite.

« Ils étaient là, neuf cents hommes, entassés dans l'ordure, pêle-mêle, noirs de poudre et de sang caillé, grelotants de fièvre, criant de rage ; et on ne retirait pas ceux qui venaient de mourir parmi les autres... Quand les prisonniers s'approchaient d'un soupirail, les gardes nationaux qui étaient de faction pour les empêcher d'ébranler les grilles, fourraient des coups de baïonnette, au hasard, dans le tas. Ils furent généralement impitoyables... Le père Roque était devenu très brave, presque téméraire... Au moins, là, il les avait sous lui, ces brigands !... Un d'eux, un adolescent à longs cheveux blonds, mis sa face aux barreaux en demandant du pain. M. Roque lui ordonna de se taire. Mais le jeune homme répétait d'une voix lamentable :

— Du pain !

— Est-ce que j'en ai, moi !

D'autres prisonniers apparurent dans le soupirail, avec leurs barbes hérissées, leurs prunelles flamboyantes, tous se poussant et hurlant :

— Du pain !

Le père Roque fut irrité de voir son autorité méconnue. Pour leur faire peur, il les mit en joue, et, porté jusqu'à la voûte par le flot qui l'étouffait, le jeune homme, la tête en arrière, cria encore une fois :
— Du pain !
— Tiens ! En voilà ! dit le père Roque, en lâchant son coup de fusil.
Il y eut un énorme hurlement, puis, rien. Au bord du baquet, quelque chose de blanc était resté. »

Ce sentiment de malaise qui baignât toute cette époque, eut pour conséquence une explosion d' espoir, qui très rapidement, fut démentie par l'incompatibilité essentielle qui caractérise ces choses compromises par un enthousiasme aveugle.

Au début de ce mémoire, plus exactement dans la préface, nous tentions d'expliquer le phénomène de la révolution par ce malaise quasi métaphysique qui suscite la révolte à la recherche du bouleversement général, d'un monde nouveau où l'image de la perfection, récupérée par Dieu sait combien d'utopies.

L'expérience de cette génération a connu trois étapes calculées sur les étapes de la vie humaine. Nous assistons tout au long du roman à cette dualité Histoire avec un grand H et histoire avec un petit h.

L'Histoire est-elle prétexte à l'histoire ?

L'histoire est-elle prétexte à l'Histoire ?

La lecture répond à ces questions par sa totalité, car les deux se complètent.

TROISIÈME PARTIE

QUAND LES PORTES S'OUVRENT SUR LE VIDE

L'étude de cette troisième partie, dont le titre est « Quand les portes s'ouvrent sur le vide », va montrer cette unité sur la pente de la décadence. Tout se meurt, tout se dégrade, tout vieillit. Flaubert assimile la révolution à sa génération, ce qui est vrai, mais pour servir son roman, il apostrophe tous les courants sous-jacents qui existent. Or sa génération se meurt et avec elle les idées révolutionnaires. Que leur reste-t-il comme souvenir de leur jeunesse, des détails simples, sans aucune valeur, des banalités ; cette génération est banale, elle engendre la stérilité, « des fruits secs ». La désespérance de l'homme Écrivain.

Nous avons donc dans cette dernière partie constater le vide, le vertige du vide.

Après cette explosion de vie, l'histoire avec un grand H est très affaiblie ; du chapitre deux au chapitre sept de la troisième partie de

L'Éducation Sentimentale, l'idée de révolution agonise sur l'histoire romanesque. Elle reprend le dessus à la manière de l'accalmie qui succède à la tempête. Nous savons toutefois que le pays est figé dans la peur.

Le silence de la sécurité hurle dans ces dernières pages :

« Il était cinq heures, une pluie tombait fine. Les bourgeois occupaient le trottoir du côté de l'opéra. Les maisons d'en face étaient closes. Personne aux fenêtres. Dans toute la largeur du boulevard, des dragons galopaient, à fond de train, penchés sur leurs chevaux, le sabre nu ; et les crinières de leurs casques, et leurs grands manteaux blancs soulevés derrière eux passaient sous la lumière des becs de gaz, qui se tordaient au vent dans la brume. La foule les regardait muette, terrifiée. »

Plus rien ne vit. La liberté regarde béante, abasourdie, ne comprenant pas comme Dussardier ce qui lui arrive :

« Entre les charges de cavalerie des escouades de sergents de ville survenaient, pour faire refluer le monde dans les rues. Mais sur les marches de Tortoni, un homme, Dussardier, remarquable de loin à sa haute taille, restait sans plus bouger qu'une Caryatides. »

Le dernier cri de liberté fut celui de Dussardier ; cri qui s'immortalisera dans l'histoire :

« Un des agents qui marchait en tête, le tricorne sur les yeux, le menaça de son épée.

L'autre alors, s'avançant d'un pas, se mit à crier :

— Vive la république !

Il tomba sur le dos les deux bras en croix. »

CONCLUSION

« La visée de l'utopie est de créer un espace dans lequel le temps, le temps de vivre, le temps de la jouissance ou du bonheur serait le bien suprême. »[10]

Le spectacle de la révolution est terminé : victime de l'autorité, Dussardier, et avec lui toutes les joies, tous les cris de liberté, de fraternité, de solidarité gisent sous les regards du gendarme qui met fin à cet élan d'espoir, prisonnier du contour du cercle.

« L'agent fit un cercle autour de lui avec son regard ! »

Frédéric, tout au long du roman, inlassablement contemplatif, « restait auprès du gouvernail, immobile. » Sous ses yeux un coup de théâtre, aussi surprenant qu'un coup d'état va le paralyser « et Frédéric, béant, reconnut Sénécal ». « Quelque chose de dur et de froid

---

10. André A. Devaux, « Les Nouvelles Littéraires » 1975, n° 2506, *La métaphilosophie d'Henri Lefbre ou une dialectique du vécu et du conçu.*

perçait dans ses yeux gris ; et sa longue redingote noire, tout son costume sentait le pédagogue et l'ecclésiastique. »

Ce personnage antipathique dès la première entrevue, que nous avons réhabilité à notre insu, nous a causé la même surprise qu'un Louis Napoléon Bonaparte a provoqué chez un bon nombre de personnes. En effet, Victor Hugo, dans son journal *L'événement*, en 1848, soutenait la candidature de celui qu'il appellera plus tard Napoléon le petit. Rassurant comme Sénécal, républicain lui aussi, il tuera la république de la même façon que l'autre tuera Dussardier.

« Il s'est, le sabre en main, rué sur son serment ; il a tué les lois et le gouvernement, la justice, l'honneur, tout, jusqu'à l'espérance ! »

L'Histoire est achevée, mais l'histoire continue, ne faisant que confirmer, avec le temps, la vision l'échec fondamental. Les personnages de ce roman incarnaient ce déséquilibre, ce mal d'être. Mais ce malaise, que nous n'avons cessé de nommer tout le long de notre étude, n'est-il pas ce couple, à la fois complice et dénonciateur qui habite l'homme et son existence, l'écrivain et ses écrits ?

Si tel était, *L'éducation sentimentale* revêtirait, certes, un caractère historique mais dont les racines sont profondément attachées à un présent qui par sa réalité historique, par sa vérité événementielle, suggérerait une interprétation philosophique de l'homme et de l'humanité.

L'Éducation Sentimentale se hisse par-delà sa vérité historique, au rang des luttes humanistes.

TABLE DES MATIÈRES

Préface 5

Chapitre I
HISTOIRE ÉCLATÉE 11
Introduction...13

Première partie
Au centre du cercle..15
Premier éclairage sur Arnoux........................18
Deuxième éclairage sur Deslauriers 20
Éclairage sur Dambreuze 22
Éclairage sur deux étudiants
Martinon et Cisy 24

Deuxième partie
Le motif de la révolution 29
1 – À la recherche d'une interrogation 31
2 – Laissez-moi tranquille
avec votre hideuse réalité...............................33
3 – Lorient, berceau du rêve...........................36

Troisième partie
De la tribune politique à la scène de cirque...39
1 – Le thème de l'acrobatie............................41
2 – Il cherchait dans ses livres de quoi justifier ses rêves 43
– Conclusion du premier chapitre 45

Chapitre II
AIMANTATION VERS UN IDÉAL...............47
Introduction..49

Première partie
Gare au lustre 53
1 – Le bal 55
2 – L'artifice 59

Deuxième partie
Dans l'espoir du bouleversement général 61
1 – Présentation de la situation.......................63
2 – Sénécal...65
3 – Réunion et réception 70
  a) Introduction 70
  b) Réunions « Sénécal »
    Du départ de l'idée de révolte 71
    Des Tuileries à Versailles............................76
    L'Art et la Presse 76
  c) Réunion « Dambreuse »
    Le bourgeois et la République 78
    Chez Dambreuse...79

Chapitre III
LA MORT D'UN NOUVEAU NÉ 85

Première partie
Quand le peuple est souverain......................87
1 – « — Ah ! On casse quelques bourgeois »..89
   a) Place au spectacle 89
2 – Le socialisme, un bon prétexte électoral ...96

Deuxième partie
Au hasard des regards 103
1 – Au long de l'histoire.................................106

Troisième partie
Quand les portes s'ouvrent sur le vide.......115

Conclusion..121